NIER

DES

BRAVES,

OU

L'ÉCHO D'ALGER.

AVIGNON,
ÉT. CHAILLOT AINÉ.
1830.

LE
CHANSONNIER,
DES
BRAVES.

RECUEIL DE RONDES ROMANCES ET
CHANSONS MILITAIRES.

AVIGNON,

ET. CHAILLOT AÎNÉ, IMPRIMEUR-LIBRAIRE,
PLACE DU CHANGE.
1830.

LE
CHANSONNIER,
DES BRAVES.

~~~~~~~~~~~~~~~~

CHANT D'ALGER.

Au Champ de Mars le bronze
    tonne ,
Des temples saints , l'airain frémit :
D'Austerlitz la noble colonne
D'un nouvel éclat resplendit.
Le nord rappelle les tempêtes ,
Un ciel pur, aux regards surpris ,
De la terre annonce les fêtes ;
Un cri s'éleve : Alger est pris !

CHOEUR.

Sonnez fanfares de victoire !
France, applaudis à tes héros !
Ouvre toi , temple de mémoire !
Honneur ! honneur , à nos dra-
    peaux.

Quel espoir flatte ta démence !
Que veux-tu, pirate, insensé !
Crois-tu qu'un roi cher à la France
Impunément soit offensé ?
Non ! Charles sait que de nos
    braves
Le cœur et le bras sont à lui :
Contre un barbare, et des esclaves
Un peuple libre est son appui.

L'Afrique, sur ses bords sau-
    vages,
Reçut déjà nos étendards :
Du Nil ils ont vu les rivages,
D'Alger ils verront les remparts.
Duquesne nous montre la route,
Charles-quint excite nos coups,
Attentive, l'Europe écoute
Et saint Louis marche avec nous.

Envain et l'Arabe et le Maure,
Envain et les vents et les flots,
Contre nous animent encore,

Et leurs fureurs et leurs complots :
Le turban cède au blanc panache :
Notre foudre écrase tes tours,
Alger ! et le drapeau sans tâche
Plane sur le nid de vautours.

Peuple héros, Roi magnanime,
Au sein des plus âpres déserts,
Par vous des repaires du crime
La chûte a vengé l'univers.
La vertu double vos conquêtes,
Et la voix de l'humanité
Aux lauriers consacre vos têtes,
Vos noms, à l'immortalité !

CHANSON

sur

L'ARMÉE FRANÇAISE.

EN AFRIQUE.

SOLDATS Français, soldats vaillants,
Suivez le chemin de la gloire,
Votre renom dans tous les temps,
Vous a conduit à la victoire ;
Ah ! qu'il est beau de s'embarquer,
Des esclaves prendre défense,
Et chanter en chœur dans Alger,
Vive le Roi ! vive la France ! (*bis*.)

Des malheureux brisez les fers;
Soldats, la gloire vous appelle,
Ecrasez ces peuples pervers,
Exterminez ces infidèles;
Conduits par le brave Bourmont,
Du Roi prenez tous la défense,
Répétez à coups de canon,
Vive le Roi! vive la France! (*bis.*)

Déjà nos bataillons épars
Sont répandus dans les campagnes,
Des Français le noble étendart
Flotte déjà sur leurs montagnes.
Maures tremblez! Voici Bourmont,
Il domptera votre arrogance,
En faisant ronfler le canon
Au nom du Roi et de la Fran-
ce. (*bis.*)

Que de nos illustres guerriers
Le nom soit gravé dans l'histoire,
Ils vont moissonner des lauriers
Dans Alger, au champ de la gloire;

En dépit d'une faction,
Nos soldats avec assurance
Ont crié sur les bastions,
Vive le Roi ! vive la France ! (bis.)

Et vous perfides Bédouins,
De Duperré craignez la foudre,
Malgré votre aspect inhumain ,
Vous serez tous reduits en poudre ;
Oui, Duperré et de Bourmont
D'un pirate ont tiré vengeance,
Et tous nos soldats crieront :
Non, plus de Dey , vive la France ! (bis.)

LA PRISE D'ALGER.

AIR : *Du chant Français.*

Honneur à nos braves guerriers !
Déjà l'antique Numidie

Fléchit sous le poids des lauriers
Qu'elle a fournis à la patrie.
Grâce à leurs bras victorieux,
L'Afrique est enfin maîtrisée,
Et chacun dit ce chant joyeux :
Vive la France et son Armée. *bis*

Ils sont vainqueurs et triom-
    phans,
Ces soldats que la malveillance,
Livrait au pouvoir des tyrans
Pour être en butte à leur ven-
    geance !
Leurs ennemis sont terrassés,
Chez eux, ils mordent la pous-
    sière.
Français, l'on est sûr du succès,
Quand on combat sous ta ban-
    nière.?   *bis.*

En vain les Africains altiers
Ont-ils poussé des cris de rage :
L'aspect de nos preux grenadiers

A dissipé tout leur courage,
Hélas ! un instant a suffi
Pour voir leur valeur chancelante ;
Et tout à-coup ils ont pâli
D'effroi , de peur et d'épou-
vante. *bis.*

❈

O Dieu , quel mépris accablant !
Malgré leur audace effrénée,
Il leur a fallu forcément
Subir le joug de notre armée.
Telle est la terrible leçon
Que des Français , ils ont reçue,
Pour avoir, à leur Pavillon
Fait une insulte inattendue. *bis.*

❈

Le Dey d'Alger a donc appris
Pourquoi , mais un peu tard sans
doute ;
De sa puissance on l'a démis,
Et combien sa chute lui coûte :
Son règne en ce jour est passé,
Qu'il s'en prenne à son arrogance !

Quelle sotte témérité
De défier un Roi de France ! *bis.*

＊＊＊

Rois de l'Europe , ils ne sont
    plus ,
Ces forbans , fléaux de la terre !
Un peuple heureux les a vaincus ,
Sous les auspices de la guerre.
Rassurez-vous , d'or en avant
La mer se trouvant affranchie ,
Garantira le commerçant
Des maux de la piraterie.   *bis.*

＊＊＊

Quelle merveille , ô Charles dix !
Par une faveur inouie,
Près du tombeau de Saint Louis ,
Tu vas fonder ta Colonie.
C'est-là , que jadis ce héros ,
De trop deplorable mémoire,
Fut la victime d'Atropos
En courant après la victoire.   *bis.*

O toi, Bourmont, dont le ta-
lent
A noblement servi l'armée,
Reçois un hommage éclatant
De notre France bien-aimée !
Un jour, quelque grand écrivain
De ces mots ornera l'histoire :
Bourmont surnommé l'Africain,
Dans Alger s'est couvert de gloi-
re.   *bis.*

CHANT GUERRIER

POUR LA GUERRE D'ALGER.

ILLUSTRES guerriers de la Fran-
ce,
Entendez-vous le signal du com-
bat,
Allons montrer notre vaillance
Et faisons tous des étendards.

Français mettons-nous en voyage,
Pour aller combattre en Alger,
Bravons tous la mort et le carnage.
Ah ! nous nous ferons respec-
ter.   *bis.*

Entendez-vous   la   trompette
    guerrière,
Qui nous rappelle tous au champ
    d'honneur,
Nous combattrons sous la sainte
    bannière,
Oui ce drapeau nous rendra tous
    vainqueurs,
Et comme Français pleins de cou-
    rage,
Bravons la mort et le danger,
Malgré le feu et la mitraille,
Nous nous ferons tous respecter. *bis.*

Il faut partir, notre Roi l'ordonne,

Embarquons-nous tous au port
    Toulon ,
Allons naviguer sur les ondes ,
Et nous ferons ronfler le canon ,
Nos vaisseaux iront en pleine voile
Débarquer là tout près d'Alger ,
Et nous donnerons une canonnade
Et ça sera pour les remplacer. *bis.*

❧

Allons montrer notre courage ,
Braves Français au milieu du com-
    bat ,
Malgré le feu et la mitraille
En Alger nous ne reculons pas.
Nous voilà près à livrer bataille ,
Tous nos canons y sont braqués ,
Les Algériens sont sur les murail-
    les ,
Ils nous feront point reculer.

❧

LA GUERRE D'ALGER.

CHANT MARTIAL.

AIR : *Braves Français volez à son*
secours, etc.

LE tambour bat, et les armes
en mains,
Soldats, marins, vont venger la
patrie :
Non loin d'Alger, sur les bords
Africains,
Ils chantent ainsi, sur la rive en-
nemie :
« Chers compagnons, montrons
notre valeur,
Tous les Français s'illustreront
au champ d'honneur.

2

En débarquant, suivis du blanc
  drapeau,
Partout les Francs répandent l'é-
  pouvante,
Et l'Africain aux portes du tombeau,
Entend l'écho redire sous la tente
« Fiers Algériens, qui l'osez ou-
  trager,
«Le roi de France, ainsi peut se
  venger. »   *bis.*

✤

Nos bataillons chassaient les
  ennemis
Et nos vaisseaux propageaient le
  carnage,
Sur leurs remparts à nos armes
  soumis,
Nos grenadiers déployaient leur
  courage ;
Quand Hussein-Dey réclamant son
  pardon,
Nos artilleurs font taire leur canon.

Capitulant et signant un traité,
Le Dey se rend au souverain de
    France,
Et reconnaît *par une indemnité*,
Qu'à ses bontés, il doit son exis-
    tence;
« Et c'est ainsi, sans nul autre
    danger
« Que finira la campagne d'Al-
    ger. »

               ❧

Braves guerriers qui m'avez
    écouté,
Vos cœurs palpitent aux succès de
    la France,
Si mon refrain vous peint la vé-
    rité,
Qu'il présage notre espérance,
Car ces lauriers que vos mains
    vont cueillir,
Vous courez tous pour mieux les
    obtenir.

Car ces lauriers que vous allez
   cueillir,
Chacun de vous saura les obtenir.
Car les Français pour vaincre ou
   pour mourir,
Vers l'ennemi savent toujours courir...
Ayons l'amour ou bien Mars à
   servir,
Dans cette vie... toujours il faut
   courir...

LE DÉPART

DES TROUPES FRANÇAISES

POUR ALGER.

ADIEU, ma bonne mère,
Je pars, le tambour bat
Pour combattre à Alger.

Je ne tremblerait pas.
Ne crains rien, à la guerre,
J'aurai bien soin de moi,
Et le ciel, je l'espère
Me conservera pour toi.
    Ram plan plan, ram plan plan,
Ram plan plan plan pleine,
Ram plan plau plan plan.

❖

    Adieu, mon pauvre Pierre,
Vas combattre en vainqueur;
Au retour de la guerre,
Tu feras mon bonheur.
Comme un bon militaire
Au bout de tes huit ans,
L'exercice tu feras faire :
A tous nos petits enfans.
    Ram plan, etc.

❖

    Louison, mon cœur, j'viens te
    faire,
En partant, mes adieux,

Si quelque militaire
Venait te dire en ces lieux,
Qu'on a vu mourir Pierre,
Pour la France et son Roi :
Tu seras mon héritière
De tout le bien qui est à moi.
  Ram plan, etc.

♣

Pour l'embarquement qui se
  prépare,
Amis préparons-nous,
On sonne la fanfare,
Il faut se rendre tous ;
Au son de la trompette
Et au bruit du canon,
Faut quitter nos grisettes
Pour embarquer à Toulon.
  Ram plan, etc.

✚

Le cœur content, l'ame fière,
Nous voilà Arrivés :
Et pour aller à Alger,

Il faut nous embarquer,
C'est pour venger la patrie,
Qu'on vient armer nos bras,
Un soldat doit sacrifier sa vie
Pour son Prince et l'Etat.
    Ram plan , etc.

~~~~~~~~~~~~

DÉPART DES FRANÇAIS

POUR ALGER.

AIR : *Du chant français.*

Pourquoi ces transports et ces
    cris ,
Et ces guerriers sur le rivage ?
Vont ils sur des bords ennemis ,
Signaler encor leur courage ?
La valeur brille dans leur yeux ,
Remplis d'ardeur et d'espérance ,
Ils sont semblables à des Dieux ,
Ce sont les enfans de la France.

Où courez-vous , braves guer-
riers ,
Et sur quelle rive lointaine ,
Allez-vous cueillir des lauriers ?
Ils vont sur la plage africaine ,
Ils vont d'un Monarque insolent ,
En un instant , venger l'offense ,
Et , rangés sous le drapeau blanc ,
Venger le Roi , venger la France.

✦

Accourez tous , braves soldats ,
A vos drapeaux toujours fidèles ;
La victoire conduit vos pas ,
Partez ; la gloire vous appelle !
Vous soumettrez vos ennemis ;
Dieu vous en donne l'assurance ,
Et la saluant par vos cris ,
Bientôt vous reverrez la France.

✦

LE DÉPART

POUR ALGER.

SOLDATS Français couverts de
    gloire,
Vaillans marins, soyons unis,
Nous sommes sûrs de la victoire,
Conduit par nos trois fleurs de
    Lys,
Et si cette troupe de lâches
Ose affronter nos étendards,
Nous irons comme des Césars
Dans Alger brûler leurs moustaches.

Adieu France, noble patrie,
Nous allons cueillir des lauriers,
Sur les bords de la barbarie.
L'Africain tremble à tes guer-
    riers !   (bis.)

Nous verrons la couleur sans ta-
che ,
Flotter sur ses forts , sur ses rem-
parts.
O Français ! comme des César ,
Vitte allons brûler leurs moustaches.

Bientôt nous reverrons la Fran-
ce ,
Parens , amis consolez-vous ;
Conservons la douce espérance
De nous revoir encore tous. (*bis.*)
Ma tendre amie , tes pleurs me
fâchent,
Adieu, voici notre départ ,
Je reviendrai comme un César
Près de toi friser ma moustache.

CHANSON

POUR LA PRISE D'ALGER.

AIR : *Du Chien fidèle.*

Qu'ILS viennent les Fils de la
    France ,
Je leur prépare des tombeaux :
Désert , ouvre ce gouffre im-
    mense
Qui devora tant des héros ;
Ainsi dans son aveugle rage ,
S'exprimait un chef de Forbans.
Il disait : sondain sur la plage ,
Nos soldats ont formé leurs rangs.

✤

Tous , impatiens de vengeance ,
Veulent et bravent le danger :

Déjà le drapeau de la France
Flotte sur les remparts d'Alger
Qu'a-t-il fallu pour tant de gloire
Pour paraître, vaincre et punir
Vingt jours. Voilà ce que l'his
    toire,
Doit raconter à l'avenir.

LA BELLE CHOSE

QUE LA GUERRE.

AIR : *La maison de Monsieur Vau-
tour.*

La guerre est un charivari,
Du bruit, du feu de la fumée ;
L'un court par-là, l'autre par-ci,
Tambour battant, mèche allumée ;
L'un boit sans vin, l'autre est sans
    lit,
Dans la plus affreuse misère ;

Et malgré ça toujours l'on dit :
La belle chose que la guerre !

❧

Quand tout le jour on s'est bat-
  tu,
aut voir alors la triste mine ,
orsque le soir au camp rendu ,
n' retrouve encor la famine ;
aus pain , sans vin , sans feu
  sans lit ,
n jeûne et l'on couche par terre ;
t malgré ça pourtant l'on dit :
a belle chose que la guerre !

❧

Quand on a frotté l'ennemi,
ame ! c'est bien un autre affaire :
est bien autre charivari ;
Adieu chagrin , adieu misère.
On boit son vin , on prend son lit ,
On le fait coucher sur la terre ;
est de bon cœur qu'alors on dit :
La belle chose que la guerre !

ROMANCE.

AIR : *Du bon Vieillard.*

Au son joyeux de la musette,
On dansait autour des ormeaux,
Quand parut gentille fillette,
Qui répéta ces tristes mots :
Dansez dansez sur la fougère :
Mais quand la danse finira,
N'oubliez pas mon pauvre père,
Le ciel un jour vous bénira.

❀

Privé du jour dans sa souffran-
ce,
Il n'a que moi pour seul appui,
Il me guida dans mon enfance,
Et moi je le guide aujourd'hui.
Dansez, etc.

Nous obtiendrons par nos priè-
res ,
Que le ciel vous benissant tous ,
Donne aux garçon, des ménagères ,
Donne aux fillettes des époux ,
Dansez , etc.

✤

Mais vos dons passent mon at-
tente ,
Pour nous vous délaissez vos jeux,
Retournez-y l'ame contente ,
Car vous avez fait des heureux.
Ah , reprenez sur la fougère ,
Ces plaisirs que ma voix troubla ,
Vous secourez mon pauvre père ,
Le Ciel un jour vous benira.
Dansez , etc.

✤

LE MARIAGE DE L'AMOUR.

AIR : *Femmes, voulez-vous éprouver,*

De prendre femme un jour,
   dit on ,
L'Amour conçut la fantaisie ;
On lui proposa la Raison,
On lui proposa la Folie ;
Quel choix fera le dieu fripon ?
Chaque déesse est fort jolie ;
Il prit pour femme la Raison,
Et pour maîtresse la Folie.

✦

  Il les aima toutes les deux
Avec une constance égale ;
Et l'épouse vivait au mieux
Avec sa charmante rivale.
Survint un double rejeton
De la double galanterie.
L'ennui naquit avec la Raison,
Et le plaisir de la folie.

FIDÈLE PASTOURELLE.

ROMANCE.

FIDÈLE
Pastourelle,
Venez on vous attend ;
Vous êtes
De nos fêtes
Le plus bel ornement.

Le doux printemps, charme de
la nature,
En souriant ramène les beaux
jours,
Et nos berceaux sous nos toits de
verdure,
Vont rappeler les jeux et les
amours.
Fidèle, etc.

Dans nos hameaux les flutes
pastorales,

Donnent partout le signal du
plaisir,
Et pour briller mille beautés ri-
vales,
De la cité s'empressent d'accourir.
Fidèle, etc.

Pour prolonger cette heureuse
journée,
Nous danserons gaiment jusques
au soir,
Et regrettant de la voir terminée,
Nous formerons des vœux pour
vous revoir.
Fidèle, etc.

ROMANCE.

DE MASANIELLO.

Ah! mon ami que ces pensées
Règlent toujours tes actions,
Quelles ne soient point effacées,
Par de vaines illusions,   ) bis.

Après avoir fait reconnaître
Ton dévouement et ta valeur, *bis.*
Reviens au lieu qui t'a vu naître
Dans la cabane du pêcheur.

D'éblouir les yeux du vulgaire
Le besoin nous est inconnu,
Qui n'eut jamais le nécessaire
Ne cherche pas le superflu, *bis.*
Il vous faut un trop grand espace,
Rêve, fantôme de grandeur, *bis.*
Comment pourriez-vous trouver
place
Dans la cabane du pêcheur ?

BARCAROLLE.

DE LA MUETTE DE PORTICI.

Amis la matinée est belle,
Sur le rivage assemblez-vous,
Montez gaîment votre nacelle,
Et des vents bravez le courroux.
Conduis ta barque avec prudence,

Pêcheur, parle bas,
Jette tes filets en silence,
Pêcheur, parle bas,
Le roi des mers, ne t'échapperas
pa*.

L'heure viendra, sâchons l'at-
tendre
Plus tard nous saurons la saisir ;
Le courage fait entreprendre,
Mais l'adresse fait reussir.
Conduit, etc.

Pêcheur, sur la mer orageuse,
Brave la mort; va ne crains rien,
Pour une action glorieuse
Vogue sans peur en vrai marin.
Conduit, etc.

Ne redoute pas la baleine,
Le temps est calme, il faut partir,
Tente une conquête certaine ;
Comme nos brav' ne crains pas
de mourir.
Conduit, etc.

ROMANCE.

AIR : *De la Fiancée.*

QUEL sourire enchanteur, quel
séduisant regard,
Ce fritz est trop heureux, mais
nous verrons plus tard.
De plaire aux plus rebelles
Je connais les secrets,
L'on parle de cruelles,
Moi, je n'y crois jamais,
La sagesse est un rêve,
Il se dissipera,
L'amour nous les enlève,
L'himen nous les rendra.
Oui l'amour m'est favorable,
De succès il nous accable,
Lorsqhe l'on est riche, aimable
Et que l'on est chambellant.
Devant ce talisman,
L'innocence,

Se trouve bien souvent
Sans défense ,
Et promptement
Se rend.

BONJOUR , BONSOIR.

Je peindrai sans détour
Tout l'emploi de ma vie ;
C'est de dire bonjour
Et bonsoir tour-à-tour.
Bonjour à mon amie
Lorsque je vais la voir ;
Mais au fat qui m'ennuie ,
    Bonsoir.

Bonjour , francs troubadours ,
Qui chantez la bombance.
La paix et les beaux jours ,
Bacchus et les amours.
Qu'un rimeur en démence
Vienne avec vous s'asseoir
Pour chanter la romance ,
    Bonsoir.

Bonjour mon cher voisin,
Chez vous la soif m'entraîne :
Bonjour si votre vin
Est de Beaune ou du Rhin ;
Mon gosier va sans peine
Lui servir d'entonnoir ;
Mais s'il est de Surenne,
  Bonsoir.

Aussi content qu'un roi,
Quand mes vers vous font rire ;
Je suis de bonne foi,
C'est un beau jour pour moi.
Si ma muse en délire
A trompé mon espoir,
Je n'ai qu'un mot à dire,
  Bonsoir.

LE BON SOLDAT.

Air à faire.

Je suis un bon soldat,
  Ti ta ta ;

Tout cède à mon courage.
J'ai dans mon fourniment
    Pa ta pan ,
De quoi faire ravage.

    Quand je vais au combat
    Ti ta ta ;
Pour moi c'est une fête.
Quand je monte à l'assaut
    Tôt tôt tôt
Jamais rien ne m'arrête.

    Aussitôt que j'entends
    Pa ta pan ,
La gloire m'aiguillonne ,
Et d'un air résolu
    Tu tu tu ,
Sur l'ennemi je donne.

    Il a beau faire feu ,
    Ventrebleu !
Je ris de sa menace ;
S'il ne se rend d'abord
    Par la mort ,
Je l'étends sur la place.

Pour devenir vainqueur ,
Tendre cœur
Prenez-moi pour modèle ;
A grands coups de canon
Pa ta pon ,
Battez la citadelle.

Allez près d'un objet
Vite au fait ;
Devenez téméraire.
Quand les dehors sont pris
Biribi ,
La place ne tient guère.

L'AI-JE RÊVÉ.

ROMANCE.

L'AI-JE rêvé ? Disait un jour
Annette ,
En soupirant au fond d'un vert
bosquet ;
L'ai-je rêvé, qu'assis sous la cou-
drette ,

Lysis, hier, m'asurait qu'il m'ai-
mait :
    L'ai-je rêvé ? *(bis)*.

※

L'ai-je rêvé, qu'il me trouvait
    jolie,
Qu'il me jurait tendre et fidèle
    ardeur ;
Que promettant d'aimer toute la
    vie,
Hier, ici, je lui donnais mon
    cœur :
    L'ai je rêvé ? *(bis)*.

Je lai rêvé, Lysis m'est infidèle,
Il a trahi ses sermens et sa foi ;
Il m'a quitté pour la jeune Isa-
    belle,
Doux souvenir, ah ! fuyez loin
    de moi !
    Je l'ai rêvé. *(bis)*.

♣

LES CARESSES.

Pour ranimer le sentiment,
Rien de plus sûr qu'une caresse :
Douce caresse est un aimant
Pour l'amitié, pour la tendresse,
Dans l'enfance et dans l'âge mûr,
Même jusque dans la vieillesse,
Si le cœur goûte un plaisir pur,
C'est par l'effet d'une caresse.

Les frères caressent leurs sœurs,
La fille caresse sa mère ;
Les zéphir caresse les fleurs ;
Dorilas caresse Glicère ;
On voit les ramiers dans les bois
Se caresser avec ivresse ;
Partout l'amour dicte ses lois :
Dans l'univers tout se caresse.

Quelquefois des soupçons jaloux
Troublent la paix d'un bon mé-
    nage ;

Et l'on voit entre deux époux,
S'élever un sombre nuage ;
L'orage avant la fin du jour
Est dissipé par la tendresse ,
Et la colère de l'amour,
S'apaise par une caresse.

Dans nos plaisirs , dans nos
amours ,
D'Anacréon suivons les traces ;
Comme lui caressons toujours
Bacchus , les Muses et les Grâces.
Du temps qui fuit sachons jouir ;
Bonheur d'aimer passe richesse ;
Jusqu'à notre dernier soupir ,
Rendons caresse pour caresse.

LA GUERRE.

AIR : *Que le sultan Saladin.*

DEVANT les murs d'Ilion ,
Plus furieux qu'un lion ,
Achille dans sa colère ,

Réduisait tout en poussière,
Et criait au mirmidons :
    Tuons, tuons !...
Et sur tout rien n'épargnons.
Moi, je suis un bon militaire,
    J'aime la guerre.

A table imitons l'ardeur
De ce roi, toujours vainqueur.
Pour commencer la bataille
Perçons d'abord la muraille
Du pâté que nous voyons,
    Perçons, forçons.....
Et les débris dévorons.
Moi, je suis un bon militaire,
    J'aime la guerre.

J'aperçois les ennemis,
Ils ne sont pas réunis ;
Profitons de leur faiblesse,
Par des coups de hardiesse
Notre valeur signalons.
    Battons, taillons....
Les canards et les pigeons.

Moi, je suis un bon militaire,
　　J'aime la guerre.

　　Emparons-nous des flacons,
Que couteaux, tire-bouchons
Servent à notre défense.
A la moindre résistance,
A nos armes recourons.
　　Coupons, pillons....
Ces poulets et ces chapons.
Moi, je suis un bon militaire,
　　J'aime la guerre.

　　Mais la victoire est à nous :
Nous pouvons cesser nos coups.
Par quelque piquant breuvage
Ranimons notre courage ;
De nos succès jouissons,
　　Prenons, prenons
Vins et café qui soient bons ;
Moi, je suis un bon militaire,
　　J'aime la guerre.

IDYLLE.

AIR : *De la Raison et la Folie, ou du Barde.*

DANS nos hameaux , le Dieu
du jour
Vient renouveler la verdure ,
Dieu des plaisir, aimable amour !
Tu renais avec la nature :
Des oiseaux écoute les chants,
Ils t'honorent par leur ramage !
Tout annonce l'heureux printemps;
Dieu des mortels , c'est ton ou-
vrage !

Venez , plaisirs , venez aux
champs ,
L'Amour parle votre langage ;
Tranquille paix, jeux innocens ,
Venez vous cacher à l'ombrage ;
Au lever de l'astre du jour ,

Tous les bergers , d'une voix
pure ;
Chantent les douceurs de l'amour ,
Et les bienfaits de la nature.

LE SOLDAT AMOUREUX.

AIR : *Quoi ma voisine es-tu fâchée ?*

Qu'on ne me parle plus de
guerre ;
Parlons d'amours :
Consacrons au dieu de Cythère
Nos plus beaux jours.
Quand on a du vin de Champagne
Et sa Cloris ,
On se rit d'aller en campagne ;
Vive Paris !

Quand j'ai de vin rempli mon
verre ,
Adieu l'amour ,
Je renonce au dieu de Cythère

La nuit, le jour.
Quand j'ai du bon vin de Cham-
pagne
Ou du vin gris,
A Paris comme à la campagne
Je bois, je ris.

LA LEÇON DE L'AMOUR.

AIR : *O Fontenay, qu'embellis-
sent, etc.*

Dans l'art du chant pour deve-
nir habile,
Je travaillais et la nuit et le jour
Mais je prenais une peine inutile :
Il me fallait la leçon de l'amour.
Pour réussir, ô charmante Egérie,
Je hasardai de vous faire ma cour,
Par vos accens mon ame fut ravie,
Ce fut pour moi la leçon de l'amou,

Si l'écolier doit aux soins de
son maître

4

Un certain prix , par un juste
    retour ,
Il me faut donc aujourd'hui recon-
    naître ,
Même payer la leçon de l'amour.
Tendres baisers , mainte fleur fraî-
    che-éclose ,
Serment d'aimer jusqu'à mon der-
    nier jour ,
Ah ! si le cœur vous prise quelque
    chose ,
J'acquitterai la leçon de l'amour.

***

RONDE MILITAIRE.

AIR : *Oui , je suis soldat , moi.*

Oui je suis soldat , moi ,
    Je sers ma patrie ;
Pour la France et pour mon roi
    Je donnerais ma vie.
Puisqu'enfin nous reprenons
Nos antiques Bannières ,

Heureux Français, entonnons
Ce refrain de nos pères :
    Oui, je suis soldat, moi,
    Je sers ma patrie,
Pour la France et pour mon roi
    Je donnerais ma vie.

    Sous le règne de Henri
L'honneur du diadème,
Chacun chantait à l'envi
Jusqu'au ministre même :
    Oui, je suis, etc.

    Bayard, des impériaux
Voulant sauver Mézières,
Fit chanter, sous les drapeaux,
A son armée entière :
    Oui, je suis, etc.

    Si Turenne rarement
Vit sa valeur trompée,
C'est qu'ils s'écriait gaîment,
En tirant son épée :
    Oui, je suis, etc.

Mars est père de l'Amour,

Et le guerrier fidèle
Est sûr d'un tendre retour
Dès qu'il chante à sa belle :
    Oui, je suis, etc.

Verse, Bacchus, verse nous....
Quand au roi qu'on adore
On a bu cent et cent coups,
On chante mieux encore :
    Oui, je suis, etc.

Si quelques débats chez nous
Venaient à s'introduire,
Soudain, amis, songeons tous,
Que nous venons de dire :
    Oui : je suis, etc.

De Bacchus, de Mars, d'A-
    mour,
Goûtant la triple ivresse,
Soir et matin, nuit et jour,
Français, chantons sans cesse :
    Oui, je suis soldat, moi,
      Je sers ma patrie ;
Pour la France et pour mon roi
    Je donnerais ma vie.

COMPLAINTE BACHIQUE.

AIR : *L'amour est un enfant trom-*
peur.

Je veux du plus grand des mal-
lheurs
Faire ici la peinture :
Amis, vous verserez des pleurs
Sur ma triste aventure.
Quand j'y songe : rempli d'effroi,
Ce souvenir toujours en moi
Fait frémir la nature.

Dieux ! comment raconter les
traits
D'une pareille histoire ?
Races futures ! non, jamais
Vous ne pourrez-y croire ;
Mais puisqu'il faut le dire enfin,
J'ai vu.... j'ai vu mon verre plein,
Et je n'ai pu le boire ! ! !

OUVREZ LA PORTE !

IL EST FRANÇAIS.

Air nouveau.

PAN pan, c'est moi qui vous
inspire :
Je suis l'enfant de la gaîté ;
Le jour, je chante sur ma lyre,
La nuit, je plais à la beauté ;
Mon humeur est bouffonne ;
Pour rire je suis les palais ;
Momus est le nom qu'on me donne,
Ouvrez la porte ! il est Français.

Pan pan, c'est moi l'homme à
la mode ,
La terreur de tous les maris,
Si je prends femme, il m'est com-
mode
D'en avoir cinquante à Paris ;
Avec Bacchus je déraisonne ,

Avec l'amour j'ai des succès ;
Mais l'inconstance est ma patrone.
Ouvrez la porte ! il est Français.

Pan pan, c'est moi le vieux La-
    brèche ;
J'ai choisi Mars pour mon patron,
Pour lui je conservais la mèche
Qui faisait ronfler mon canon ;
Je jure qu'à l'honneur fidèle ,
Mon bras ne défendra jamais
Que mon pays , mon roi , ma
    belle.
Ouvrez la porte ! il est Français.

Pan pan, c'est moi peintre d'his-
    toire ,
L'apôtre des miraculeux ,
De nos héros chers à la gloire
Je peindrai les faits merveilleux ;
Jamais d'une troupe ennemie
Mon crayon n'a formé les traits ,
Mes pinceaux sont à ma patrie.
Ouvrez la porte ! il est Français.

Pan pan , c'est moi le père la
    Treille ;

De Bacchus premier sommelier ;
J'ai pour maîtresse ma bouteille ,
Et pour ami mon tonnelier.
J'abandonne un instant ma cave ,
Pour venir vers vous tout exprès
Boire à la santé de nos braves.
Ouvrez la porte ! il est Français,

COUPLETS BACHIQUES.

POUR UN REPAS D'AMIS.

AIR : *S'il est vrai que d'être deux.*

S'IL est vrai que la santé
Soit le bonheur de la vie ,
Moi, je dis que la gaîté
N'est pas moins digne d'envie.
Amis , fêtons tour-a-tour   bis.
Le dieu du vin et de l'amour

Un aimable troubadour
Ne connaît point la tristesse :
Il donne à Bacchus le jour

Et la nuit à sa maîtresse.
Amis, fêtons tour-à-tour, etc. *bis*.

Sachons bannir le chagrin,
Les soucis et les alarmes.
Sans songer au lendemain,
D'un beau jour goûtons les charmes.
Amis, fêtons tour-à-tour, etc. *bis*.

LE TAMBOUR.

ET LE TROMPETTE.

AIR : *Dans les gardes françaises.*

QUAND pour une fillette
Je me sens de l'amour,
Je vais chez la poulette
Au son de mon tambour.
De peur qu'on ne se trompe
Quand je veux l'embrasser,
C'est au son de ma trompe
Que je sais m'annoncer.

LE PLAISIR VRAI,

OU

L'ANTIDOTE

DES MAUX DE LA VIE.

AIR : *Nous n'avons qu'un temps à vivre.*

Allons gais , amis ensemble ,
Verre en main point de souci ;
Quand le plaisir nous rassemble ,
Bacchus en est le favori.

Avec le doux jus de la treille ,
Que l'on passe d'heureux instans !
Avec cette liqueur vermeille ,
L'homme chasse l'ennui du temps.
Allons gais , etc.

Tel doit être notre caprice ,

Comme il vient prenons le plaisir :
Faut-il donc qu'il s'évanouisse
Quand on est prêt à le saisir ?
    Allons gais, etc.

Faut-il dans cette courte vie
S'abandonner au noir chagrin ?
Eh ! non, croyez-moi, c'est folie ;
Vite, noyons-le dans le vin.
    Allons gais, etc.

Mes amis narguons la sagesse,
Nous avons du vin à loisir ;
Que nos ames pleines d'ivresse
Volent au-devant du plaisir.
    Allons gais, etc.

LES AMOURETTES.

Air connu.

VIVENT les fillettes,
Mais pour un seul jour !

J'ai des amourettes,
Et n'ai point d'amour.

Hier, pour Céphise,
Je quittai Doris;
Aujourd'hui c'est Lise,
A demain Chloris.
Vivent les fillettes, etc.

J'aime fort ma belle,
Lorsqu'il m'en souvient;
Je lui suis fidèle
Quand son tour revient.
Vivent les fillettes, etc.

On entre au bocage,
Le plaisir vous suit.
On rentre au village...
Et bien ! tout est dit.

Vivent les fillettes,
Mais pour un seul jour !
J'ai des amourettes,
Et n'ai point d'amour.

BACCHUS

VAINQUEUR DE L'AMOUR.

AIR : *Aimable gaîté du vieux temps*,

ou *Mon père était pot*.

QUITTANT l'étendard de Vénus
Et le sexe volage,
Sous les drapeaux du dieu Bac-
chus,
Aujourd'hui je m'engage :
Du perfide Amour
Fuyant sans retour
Les fureurs, les caprices,
Je veux en buvant,
Vivre heureux, content,
Et chanter mes délices.

Autrefois, servant la beauté,
J'avais l'humeur chagrine,

Avec les fils de la gaîté
A présent je badine :
Quel heureux destin !
Quand le dieu du vin
Me donne un nouvel être !
Comme un bon buveur,
Je dois d'un grand cœur
Servir ce divin maître.

L'amour enchaîne la valeur,
Et fait plus d'un esclave ;
En buvant on chasse la peur,
Un poltron devient brave.
Le jus du raisin
Fait fuir le chagrin
Dans l'amoureux empire ;
Le buveur joyeux
Se croit dans les cieux,
Au comble du délire !

O Bacchus ! vainqueur des
amours,
Ecoute ma prière !....
Préserve-moi des méchans tours
Qu'Amour pourrait me faire ;

Que le verre en main,
Mon dernier refrain
Soit : qu'on me verse à boire !
Et qu'au même instant
Je puisse en buvant
Mourir comme Grégoire.

LE CRI DES BRAVES.

AIR : *Un jour Guillot trouva Lisette.*

Si l'affreux démon des con-
quêtes
De la paix troublait l'heureux
cours,
Les combats deviendraient des
fêtes,
Le Français y brilla toujours.
Que notre drapeau nous anime !
Que partout Il marche en vain-
queur !
Et que ce cri soit unanime :
Le Roi, la patrie et l'honneur !

ÉLOGE DU VIN.

AIR : *Ah ! jarnicoton ! si j'étais garçon.*

Rien ne met en train
Comme le bon vin.
Il est souverain
Contre le chagrin ;
Il rend amoureux,
Il plaît aux jeunes comme aux
vieux.
Je prétends, en vrai buveur,
Goûter toujours la saveur
De ce jus délicieux
Qui nous rend égaux aux dieux.
Rien ne me en train, etc.

L'AMANT SERIN.

AIR : *Jeune et novice encore.*

SERIN je voudrais être
Pour fêter dans mes chants
Les beaux jours que font naître
Thémire et le printemps ;
Pour la suivre au bocage,
Voler sur son chemin,
Ou, de peur de la cage,
Me sauver dans son sein.

Là, je lui sais deux roses,
Que j'irais becqueter ;
Pour ses lèvres mi-closes,
Il faudrait les quitter.
Ne sachant, auprès d'elle,
Où fixer mon désir :
Chaque vol infidèle
Me vaudrait un plaisir.

Dans ces doux exercices

5

Je passerai le temps ,
Entouré de délices ,
Sans prévoir les tourmens ;
Puis le soir avec l'ombre
J'irais, ivre d'amour ,
Conter à la nuit sombre
Tous les plaisirs du jour.

RENDEZ-MOI

MON LÉGER BATEAU.

L'on m'avait dit : sur un autre
rivage ,
Dans les cités va chercher le
Bonheur.
Dans les cités rien n'a séduit mon
cœur ,
Et je reviens dans mon pauvre
village.
Rendez-moi mon léger bateau
L'azur du lac paisible
Et ma rame flexible ,
Rendez-moi mon léger bateau ,

Et ma chaumine au bord de
l'eau. (*ter*.)

Sous ces lambris où la pourpre
étincelle
Je n'avais plus ma douce liberté.
De noirs soucis étouffaient ma
gaîté,
J'avais perdu tout bonheur avec
elle.
Rendez-moi , etc.

Je vais revoir ces yeux sur la
fougère,
Qu'un triste ennui ne refroidit
jamais,
Je vais revoir ce ciel pur que
j'aimais;
Je vais m'asseoir au foyer de mon
père.
Rendez-moi mon léger bateau
L'azur du lac paisible,
Et ma rame flexible;
Rendez-moi mon léger bateau,
Et ma chaumine au bord de
l'eau. (*ter*).

L'AMANT DISCRET.

AIR : *Ce boudoir est mon Parnasse.*

Sur une écorce légère,
Amans, tracez votre ardeur :
Le beau nom de ma bergère
N'est gravé que dans mon cœur.
Je n'ose occuper ma lyre
A chanter un nom si doux ;
Echo pourrais le redire,
Et j'aurais trop de jaloux.

Corine à feindre m'engage,
Pour mieux tromper les témoins
Ce qui lui plaît davantage,
Semble me plaire le moins :
L'herbe où son troupeau va paître,
Voit le mien s'en écarter ;
Et je semble méconnaître
Son chien qui veut me flatter.

Vous, qu'un fol amour inspire,

Connaissez mieux le plaisir ;
Vous n'aimez que pour le dire,
Nous n'aimons que pour jouir.
Corine, que ce mystère
Dure autant que nos amours !
L'amant content doit se taire,
Fais-moi taire pour toujours.

L'amant frivole et volage
Chante partout ses plaisirs :
Le berger discret et sage
Cache jusqu'à ses desirs.
Tel est mon ardeur extrême :
Mon cœur soumis à ta loi,
Te dit sans cesse qu'il aime,
Pour ne le dire qu'à toi.

CRITIQUE NOUVELLE.

AIR : *Fille avant le mariage.*

AH ! quel bruit épouvantable
Que l'on entend jour et nuit !

Comme c'est désagréable
Dans Paris par le grand bruit !
L'on entend crier sans cesse
Partout des cris différents :
M'appelez-vous, la maîtresse ?
Voilà des gâteaux friands ;
    C'est tout chaud , tout bouil-
lant (*bis*).

    De tous côtés dans la ville
L'on voit dans chaque quartier
Courir, mais d'un pas habile,
Colas, marchand de papier,
Il crie à fendre la tête :
C'est du nouveau que je vends ;
Deux sous, faites votre emplette,
Messieurs et dames, il est temps,
    C'est tout chaud , etc.

    Un autre qui s'égosille,
Tout enroué de crier :
Achetez, la jeune fille ,
Mes beaux bas, faits au métier.
Un autre vient par derrière ,

Il a l'air d'un revenant,
Dit : moi, je vends de la bière
Pour réchauffer le passant,
   C'est tout chaud, etc.

   Tous les matins à la halle
Au marché des Innocens,
L'un court, et l'autre détale ;
Font rire les paysans ;
Car il vend cher ses denrées,
En voyant tant de chalands ;
Reçoit l'argent par poignées,
Au pays s'en va chantant :
   C'est tout chaud, etc.

   On voit plus d'une poissarde
Vanter son poisson pourri,
Surtout la mère Picarde
Avec son areng bouffi :
Catin, criant sa merluche,
Vous offre de beaux merlans,
Pour porter des fanferluches,
Dit : vous tirant votre argent,
   C'est tout chaud, etc.

Monsieur Tuetout vend sa
  viande ,
De la vache pour du bœuf,
Pour celui qui la marchande
Au lieu de huit sous c'est neuf ,
Trois quarterons pour le livre ;
Prenez-y garde vraiment ,
C'est un métier qui fai vivre
Les bouchers bien richement.
    C'est tout chaud , etc.

Le cabaretier de guinguette
Qui vend du vin sans raisin,
Si vous fait mal à la tête ,
C'est qu il n'est pas jus divin ;
S'il vous faites régalade
Mettez du sucre dedans ,
Buvez sans être malade ,
Et dites pour votre argent :
C'est tout chaud , tout bouil-
  lant (*bis*).

✙

CHANSON.

AIR : *Des Dettes.*

En vain l'amour disait , Iris ,
Croit soumettre mon cœur sur-
      pris ;
A ses traits il échappe.
Je ris de ce méchant marmot ,
Et je le crois encor plus sot
Que tous ceux qu'il attrappe.

Je revis Iris l'autre jour :
Sans doute , lui dis je , l'amour
Toujours ton cœur échappe ?
Ah ! me dit-elle , ce marmot ,
J'en conviens , n'est pas aussi sot
Que celle qu'il attrappe.

Profitez de cette leçon ;
Aux piéges de ce dieu fripon
Si votre cœur échappe ;

N'insultez jamais ce marmot,
Car il vous rendrait aussi sot
Que tous ceux qu'il attrappe.

De plus beaux projets il se rit ;
Aux vains systèmes de l'esprit
Aisément il échappe :
Et, pour vous punir, ce marmot,
Un beau jour vous rend le plus sot
De tous ceux qu'il attrappe.

APRÈS NOUS S'IL EN RESTE.

AIR : *Rendez-moi mon écuelle de bois.*

De Bellonne amans et favoris,
Français nés pour la gloire ;
Qui marchiez de pays en pays.
De victoire en victoire ;

Au champ de Mars, heureux
guerriers,

Votre courage nous atteste
Qu'on pourra moissonner des lau-
riers ,
Après vous , s'il en reste.

COUPLET.

Air du cabaret.

A jeun souvent je suis maus-
sade ,
Mais le vin me rend la gaîté ;
A jeun souvent je suis malade ,
Mais le vin me rend la santé ;
Sa douce liqueur vivifie
Mon cœur , mon esprit , et je
sens ,
Qu'il me redonne l'énergie
Que j'avais jadis à vingt ans.

✻

AIR DE LA FIANCÉE.

Que de mal de tourmens,
Et qu'il faut de talens,
Quand on est modiste et coutu-
rière,
Au tendrons de quinze ans
Et même aux grand' mamans,
A chacune en un mot il faut
plaire.

Reprenez ce bouquet
La couleur m'en déplaît,
Changez-moi ce bonnet
Je le veux plus coquêt,
Le tour de ce corset
Me paraît indiscret
Ce corset me paraît,
Indiscret.

Que de mal de tourmens,
Que de soins différens,

Quand on veut satisfaire les fem-
    mes,
Il faudrait des secrets,
Pour pouvoir à jamais
Conserver les attraits de ces da-
    mes :
On a tant mal déja,   }
A garder ce qu'on a. } *quatre fois.*

L'une veut embellir,
L'autre veut rajeunir,
Et chacune a le dessein de plaire,
A l'amant au mari,
Par bonheur celles-ci.
Ne sont pas nombreuses d'ordi-
    naire.

Que ce nœud séducteur,
Me ramène son cœur,
Avec ces rubans bleus,
Il me trouvera mieux,
Le vert lui plaît beaucoup
Le rose est de son goût,
Oui le rose est surtout,
    De son goût.

Que de mal de tourmens ,
Que de soins différens ,
Quand on veut satisfaire les fem-
mes ,
Il faudrait pour toujours ,
Enchaînant les amours ,
Conserver les amans de ces dames.
On a tant mal déjà , ⎱ *quatre fois.*
A garder ce qu'on a. ⎰

SUL MARGINE.

PAROLES TRADUITES EN FRANÇAIS

Sur la rive fleurie ,
D'un limpide ruisseau ,
Je vis nymphe jolie ,
Dormant sous un berceau.
Oiseaux de ce boccage ,
Respectez son sommeil ;
Je sens que l'esclavage , *bis.*
M'attend à son réveil.

De la rose nouvelle
Son teint à la fraîcheur ,
Le feu de sa prunelle
Peut embraser mon cœur.
Oiseaux , etc.

Exauce ma prière ;
Prolonge son repos ,
Morphée sur ma bergère
Verse tous tes pavots.
Oiseaux , etc.

RONDE.

Du vieux pâtre de la montagne
Ecoutez la vieille chanson ,
Et répétez à l'unisson ,
Vous que la prudence accom-
pagne ,
Du vieux pâtre de la montagne
Et la morale et la leçon.
Bergerette ,
Qui seulette

En cachette,
L'Amour guette
Pour vous jouer quelque tour.

L'Amour trompe , c'est son
usage :
Croyez-moi , fuyez les amaus.
Lise à peine comptait seize ans ,
On est imprudente à cet âge ;
L'amour n'est point un badinage
Lise l'apprit à ses dépens.
Bergette , etc.

Depuis Lise pour un volage
Va fuyant les jeux du hameau ;
Elle pleure au bord du ruisseau ,
Et nul espoir ne la soulage ,
Tandis qu'elle entend le volage
Chanter gaîment sur le côteau.
Bergerette ,
Qui seulette
Vendangez le long du jour ,
En cachette
L'Amour guette
Pour vous jouer quelque tour.

MES PRINCIPES

ET MES GOUTS.

AIR : *Nous sommes précepteurs d'Amour.*

Que des fous, par l'appât du
    gain ,
Voguant aux rives étrangères ,
Quittent un bien-être certain
Pour courir après des chimères !

Aux champs d'honneur que le
    guerrier
Aille signaler sa vaillance
Moi, je ne cueille le laurier
Que sur le jambon de Mayence.

D'épouser Agnès , Rose , Alix ,
Qu'on fasse la sottise étrange....

Lorsque j'achète une perdrix ,
Je sais que c'est moi qui la mange.

Des bois , des champs , loin
d'être épris ,
Ce goût me paraît ridicule ;
Dans les barrières de Paris
Je vois les colonnes d'Hercule.

Là , Bacchus , Comus , tour-à-
tour ;
Sont l'objet de ma seule affaire ;
Je les sers la moitié du jour ,
Et passe l'autre à ne rien faire.

Le théâtre n'a des appas
Que pour une foule étourdie ;
Pour moi , *gratis* , à chaque pas ,
Je vois jouer la comédie.

A Tivoli , sans se lasser ,
Qu'on roule avec fillette aimable ;
Lorsque je me fais *ramasser* ,
Ce n'est jamais que sous la table.

Lire m'offre peu d'agrémens ;
Si j'en vieus là, par aventure,
Le docte Almanach des Gour-
     mands.
Fait seul les frais de ma lecture.

LE COURAGE FRANÇAIS.

AIR : *Fidèle époux, franc militaire.*

VOYEZ le Français intrépide,
Bravant l'hiver et les frimats ;
N'ayant que la gloire pour guide,
Voler, s'il le faut, aux combats.
Rien n'arrête sa noble audace ;
Partout on le revoit vainqueur,
Et pour lui, quelque froid qu'il
     fasse
Les lauriers sont toujours en fleur.

COUPLETS.

POUR UN MARIAGE.

AIR : *O ma tendre musette !*

ICI-BAS chacun fronde
Le petit dieu d'amour,
Qui veut régir le monde,
Quoique privé du jour.
L'aveugle de Cythère
Vous assemble tous deux :
Ah ! pourrait-il mieux faire
S'il avait de bons yeux ?

Epouse sage et belle,
Aimable et bon mari,
Même droit vous appelle
Dans un lien chéri.
Vous joignez l'assemblage
Des dons les plus brillans,

Aux grâces du jeune âge,
Aux vertus du vieux temps.

Un sort toujours prospère
Doit couronner vos feux ;
L'art d'aimer et de plaire
Est celui d'être heureux.
Croyez à mon présage ;
Et l'esprit et le cœur
Chez vous offrent un gage
Du plus parfait bonheur.

LA BIÈRE ET LE VIN.

AIR : *Vive Henri-Quatre !*

Vive la brière,
Et vive le bon vin !
Buveur sincère,
Voilà tout mon refrain :
Vive la bière,
Et vive le bon vin !

L'HEUREUX PETIT ERMITAGE.

CHANSON.

Air du vaudeville de la Petite Sœur.

Vous , qui , pour trouver le
    bonheur ,
Parcourez de lointaines plages ;
Vous , par les arts ou la valeur ,
Qui briguez de nobles suffrages ,
Le bonheur veut l'obscurité ;
Je puis vous en tracer l'image
Dans la douce réalité
D'un heureux petit ermitage.

De tout bien le ciel a permis
Que ce lieu devint la patrie ;
Là , sont de fidèles amis ,
Des belles sans coquetterie ;
De tendres , de galans maris ,
Des épouses belles et sages ,

Et de modestes beaux-esprits :
Quel heureux petit ermitage !

Avec la gaîté, le bon sens
A tous les plaisirs y préside ;
On n'y médit pas des absens ,
De tous la franchise est le guide.
S'il se présente un trait malin ,
On n'en rejette pas l'usage :
Mais il faut qu'il soit sans venin :
Quel heureux petit ermitage !

Des Grâces le *trio* vanté
A chaque pas se renouvelle ;
Tout en chérissant la beauté ,
La pomme est pour la plus fidèle.
De resserrer les plus doux nœuds
Les débats même ont l'avantage ;
On se boude pour s'aimer mieux.
Quel heureux petit ermitage !

Toujours quelques nouveaux
plaisirs
De roses parsèment la vie ,

Et chacun prévient les désirs
De son ami, de son amie...
Où donc est cet endroit si beau
Où règne un bonheur sans nuage ?
Hélas ! ce n'est qu'en mon cerveau
Qu'est l'heureux petit ermitage.

IL FAUT BOIRE.

AIR : *Pégase est un cheval qui porte.*

SOLDAT qui recule son verre
Quand de vin je lui verse un flot.
Proscrit par un arrêt sévère,
Ne doit point monter à l'assaut.
Servez, le plaisir vous l'ordonne,
Servez Bacchus avec ferveur ;
Bacchus est l'ami de Bellone ,
Le franc soldat est franc buveur.

♣

LA FIN DU MONDE.

COUPLETS DE NOCES.

AIR : *Boira qui voudra, larirette.*

On parle de la fin du monde ;
Pourquoi s'en épouvanter ?
Moi, v'là sur quoi je m'fonde,
Pour ne point la redouter ;
C'est que l'monde ira, larirette,
Tant qu'on s'marira, larira.
Tant qu'on s'marira,
L'on s'aimera ;
C't'amour-là
Peuplera
Not' planète ;
Et le monde ira, larirette,
Tant qu'on s'marira, larira.

Par le penchant qui l'attire,
La vigne s'unit à l'ormeau ;

Ne semblent-ils pas vous dire
D' suivre un exemple si beau ?
Et que l'monde ira , larirette ,
Tant qu'on s'marira . larira , etc.

Quand , d'un air mélancolique ,
J'vois soupirer un tendron ,
Je lui dis : Pour spécifique ,
Epousez un franc luron ;
Et le monde ira , larirette ,
Tant qu'on s'marira , larira , etc.

Si les disputes et les guerres
Ont dépeuplé not' pays ,
De tous les célibataires
Faisons autant de maris ;
Et le monde ira , larirette ,
Tant qu'on s'marira , larira.

Grâce à certain' loi que j'aime ,
Plus de divorce entre époux ;
Aussi les extraits d' baptême
Vont bientôt pleuvoir chez nous ;
Et le monde ira , larirette ,
Tant qu'on s' mariera , larira , etc.

LA ROSE.

CHANSON DE NOCES.

AIR : *Avec vous sous le même toit.*

Au fol Amour, au grave Hy-
    men,
Vénus parlait en tendre mère ;
« Vous trouverez dans mon jardin,
Leur dit-elle, une fleur bien
    chère ;
Je la confie à mes deux fils,
Amour, ayez soin de la rose ;
Mais, pour lui donner plus de
    prix,
Que ce soit l'Hymen qui l'arrose. »

La rose fleurit chaque jour,
Chaque jour devient plus jolie ;
Elle charmait tant que l'Amour
De l'avoir seul eut grande envie.

Il la guettait soir et matin
Pour la cueillir à la sourdine ;
Il croit la tenir, mais sa main
De ta fleur n'a pris que l'épine.

L'Amour, accablé de douleur,
Pousse des cris, verse des larmes ;
L'Hymen vient, et d'un ton
moqueur,
Lui dit de calmer ses alarmes.
« Si cette fleur te fait plaisir,
Pourquoi la prendre avec mys-
tère ?
Apprends qu'on ne peut la cueillir
Qu'avec le secours de ton frère. »

LE VOYAGE A CYTHÈRE.

CHANSON DE NOCE.

AIR : *Jeunes amans, cueillez des fleurs.*

PARTEZ, partez, heureux amans,
Pour l'île aimable de Cythère ;

Que d'objets vont flatter vos sens !
Combien ce trajet va vous plaire !
Sans crainte ,embarquez-vous sou-
     dain ;
On est à l'abri du naufrage
Quand pour pilote on a l'Hymen,
Et les Amours pour équipage.

La nuit sur des bords inconnus
Peut retarder votre voyage,
Et sur l'étoile de Vénus
Il peut se fixer un nuage.
Ne craignez rien. La nuit, le jour,
Pour vous veille un dieu tutélaire :
Le brillant flambeau de l'Amour
Est un phare qui vous éclaire.

TABLE.

FIN DE LA TABLE.